탈옥을 꿈꾸며

국립중앙도서관 출판예정도서목록(CIP)

탈옥을 꿈꾸며 : 고정국 시집 / 지은이: 고정국. -- 대전 :
지혜 : 애지, 2017
p. ; cm. -- (지혜사랑 ; 173)

ISBN 979-11-5728-237-1 03810 : ₩9000

한국 현대시[韓國現代詩]

811.7-KDC6
895.715-DDC23 CIP2017015257

지혜사랑 173

탈옥을 꿈꾸며

고정국

지혜

시인의 말

나 이십대 초기, 삼 개월의 해군신병훈련동안 하루도 빠짐없이 들었던 두 종류의 관악기소리가 있었다. 바로 기상나팔과 취침나팔소리다. 그때 그 기상나팔소리는 "잠들어 있는 자는 결코 제 옆 사람을 깨울 수 없다."라는 한 줄 문장을 뇌리 깊이 각인시켜주고 있었다. '기상나팔수' 역할의 시를 써야겠다는 생각은 해군신병훈련과정에서 움트기 시작했던 것 같다.

이때부터 삐딱해진 나의 이 문학적 혈액형은 애써 '상식'이라는 통발어선그물망을 거부해 왔다. 하여, 여기 수록된 100편 292수의 작품들 중 극히 일부분을 제외하고는 거의 즉흥시에 가까운, 더구나 반항아 기질의 녀석들임을 밝힌다.

나에게도 '문학적 갑오경장'이라 할 수 있는 변곡점이 있다, 즉 '시조1만 계단 내려 걷기'라는 고난도의 과정이었다(2012.11~13.10.). 세상 처음으로 시도했던 관찰시조집 『민들레 행복론』(2014)과 시조스토리텔링 『난쟁이 휘파람 소리』(2016)가 그 결과물의 일부이다. 그런데 박근혜 정부는 고맙게도 이 올드보이에게 '블랙리스트'라는 시대적 훈장까지 걸어주는 것이 아닌가.

시집 낸 지 1년도 안 된 시점에, 시 전문 중견출판사에서 기획출판이라는 영광된 제의를 받았다. 캄캄한 외장하드 구석지에 갇혀 있다가 무작위로 뽑혀 나온 이 졸작 반항아들의 박수소리가 며칠째 귓전을 떠나지 않는다. 저들에게 모처럼의 세상구경 시켜주시겠다는 '지혜사랑' 반경환 주간님께로 향한 감사의 환호임엔 두말할 나위가 없다.

2017년 5월 소안도 섬자락에서
고 정 국

차례

시인의 말 4

1부 포괄적 접근법으로

오동꽃 삼천궁녀 12
길 뜨던 낙엽 한 장이 13
붉은 지평선 14
노란 손 · 1 15
노란 손 · 2 16
홍시 · 1 17
홍시 · 2 18
매화 무렵 19
차라리 붓을 내리고 20
기러기 21
공중에 나는 새가 22
가을 다큐 · 40 23
가을 다큐 · 41 24
가을 다큐 · 43 25
안개꽃 26
부처와 은행나무 27
고운 날 28
안개바다 29
하얀 모래톱 30
실크팬티 벗는 소리 31
몸소 32
바람의 말 33
다초점 안경너머로 34
아니 不 35
황제와 민들레 36
까치집 37

낙화유수 38
어떤 확률 39
겨울 삘기꽃 40
개망초 41
술패랭이꽃 42
남 말하듯 43
포괄적 접근법으로 44
십자가 벌을 선다 45
문어를 삶으면 46
일출의 시 47
일몰의 시 48
그게 49

2부 꿈 또는 나이 듦에 대하여

고요보법으로 52
스며들기 53
사뿐히 예를 갖추던 54
노을 산 55
푹 수그린 슬픔처럼 56
꿈 또는 나이 듦에 대하여 57
다도해 율법을 어기며 58
야화夜話 59

옛날식 비행 법으로 60
신발 한 짝 61
담쟁이 바람벽에 62
서리 밟기 63
싸리 64
달의 길 65
왜가리 사냥법으로 66
어부의 계단 67
바다 손금 68
독짓는 늙은이처럼 69
이월 숲 70

3부 라면의 힘

경운기는 당당했다 72
라면의 힘 73
눈처럼 전설처럼 74
억새는 우산 쓰지 않는다 75
화살표를 따라서 76
설야雪夜 77
붉은 상소 78
싸리나무 79
제주 돌 80

풀밭에 풀처럼 살다가 ---- 81
벽돌 ---- 82
삘기꽃 피면 ---- 83
싸락눈 ---- 85
뿌리 ---- 86
봄을 기다리며 ---- 87
웃다가 우는 별들 ---- 89
하늘님이 이상해 ---- 90
갈 之, — 해방구의 노래 ---- 91
슬리퍼의 길 ---- 92

4부 탈옥을 꿈꾸며 –즉흥시대

꽃보다 고운 싹들 ---- 94
달인 듯이 꽃인 듯이 ---- 95
참 착한 초식동물이 —소섬 ---- 96
수산봉 밤 그림자 ---- 97
겨울수선화 ---- 98
노인꽃 ---- 99
하얀 철새 ---- 100
영롱한 빛의 다리가 ---- 101
이월의 귀 ---- 102
봄은 참 잔인도 하지요 ---- 103

허공의 집 104
말끔한 길 위에는 105
딱따구리 화법으로 106
리모컨 시대 107
냄비아침 108
새벽산책 109
봄꿈 110
오월 길 111
밤비 112
기다림에 대하여 113
달을 만나고 114
Apple론論 115
하늘의 손 117
탈옥을 꿈꾸며 121

해설 • 이 한 편의 시 • 반경환 124

에세이 시작노트 • 날마다 탈옥을 꿈꾼다 • 고정국 134

• 일러두기
한 연이 첫 번째 행에서 시작될 때는 > 로 표시합니다.

1부

포괄적 접근법으로

오동꽃 삼천궁녀

의자왕이 아끼시던
오동꽃 삼천궁녀

아득히 낙화암에
다툼 없이 몸을 던지던

맨 나중 속치마자락이
내 창에 와
내리네

길 뜨던 낙엽 한 장이

초겨울 보도블록에
반나체로 밟히는 소녀

바람이 흘리고 간
원조교제 광고전단을

길 뜨던 낙엽 한 장이
덮어주고
있었어

붉은 지평선

몰랐네, 만종소리에
지평선이 운다는 것을

몰랐네, 밥 먹고 살아도
벼에 귀가 있다는 것을

몰랐네, 땅 딛고 살아도
저 논밭의
평등
평화를

노란 손 · 1

어느 피조물인들
오고감에
거저 있으랴

무의도식 전과7범의
무당벌레 한 마리를

일곱 점 별자리 떼고
훈방조치
중이다

노란 손 · 2

폐농의 텃밭구석
겨울 넘긴 호박덩이

치매노파 저승길에
두고 떠난 보따리를

샛노란 봄볕이 내려
헤쳐보고
있었다

홍시 · 1

바로 이 맛이야
한 평생 우려낸 맛

저처럼 나도 익어
잘 익은 시를 낳아

빨갛게 고운 입술로
빨려들고
싶어라

홍시 · 2

웃음이 울음으로
아픔이 기쁨으로

“모든 것은 변할 뿐 사라지는 것은 없다.”

내 친구 피타고라스가
쟁반위에
웃네요

매화 무렵

어떤 개잡놈이
가슴으로 시 쓴다기에

젖꼭지에 먹물 바르며
시조 한 편 써낸 아침

홍매화 가지 끝에도
피가 맺혀
있었다

차라리 붓을 내리고

건성건성 지나쳐도
한 치 어긋남이 없는

휘파람새 목소리가
시보다도 더 고운 날

차라리 붓을 내리고
오월 숲에
들까봐

기러기

등 돌린 민심쯤은
노안老眼에도 다 보인다

날갯짓 가물가물
울상 짓는 저 하늘가

야박한 백성들처럼

끼리

        끼리

가누나

공중에 나는 새가

하루 두 끼, 책 한 권
그거라면 족한 것을

공중에 나는 새가
그걸 미리 알아채고

오늘도 훠어얼 훠어얼
하늘 길을
펴느니

가을 다큐 · 40

산문에서 딩동딩동
초인종을 눌렀더니

귀뚜라미 열 마리가
풀잎소리로 답하는 저녁

보살님 뽀얀 얼굴로
달이 떠서
반긴다

가을 다큐 · 41

늦가을 잡목 숲에
오래 오래 타는 단풍

분서갱유 마지막 날
온몸으로 타는 나무

옻나무 핏빛 단풍이
나와 함께
타누나

가을 다큐 · 43

카드 연체 막으려고
은행으로 가는 도중

인도블록 뒤쪽에서
반말 투로 부르는 소리

폭 늙은 민들레 송이가
백원 보태
쓰란다

안개꽃

아무리 둘을 합쳐도
하나가 되지 못한

하나만 따로 앉혀도
하나가 되지 못한

우리는 소수점 이하
그런 사랑
이었네

부처와 은행나무

나무도 성불한다는
시월상달 운문사雲門寺 가면

일제히 날개를 접는
수천수만의

        나 비

나 비

부처가 맨발로 내려와
대웅전 마당을
쓸고 있었네

고운 날

고운 날 저물녘은
바다도 아이 같다

먼 곳 뛰놀다
제집처럼 찾아온 파도

사르르 내 발등에다
수평선을
부린다

안개바다

입는 둥 마는 둥
올 성긴 잠옷을 걸치고

초여름 도두바다는
미인처럼 늦잠이다

사흘째 오리무중인
수평선도
잊은
채

하얀 모래톱

그대 진정 사랑한다면
절반쯤은 덮어두라

모래사장 지척에서
하루 두 번씩 쌓고 허무는

애타던 바다 속내를
썰물 때면
보리니

실크팬티 벗는 소리

잘 익은 귤을 깔 때
실크팬티 벗는 소리

일란성 열 쌍둥이
단물 쪽쪽 빠는 소리

오늘도 샛노란 팬티를
열둘이나
벗겼다

몸소

고단한 날갯짓의
새 한 마리 안식을 위해

큰 비에 집을 잃은
개미 한 마리 거처를 위해

나무도 가지 한 쪽을
비워두고
있느니

바람의 말

내 집 앞 내가 쓸기
난 한 번도 쓴 적이 없네

사서삼경 다 읽어도
선행 한 번 베푼 적 없네

"쯧쯧쯧…" 지나던 바람이
온 동네를 쓸고
있었네

다초점 안경너머로

땅에 병이 만연하자
하늘에도 눈병인지

처서 날 구름사이로
안대眼帶 끼고 찾아온 달

다초점 안경너머로
낯선 이가
지난다

아니 不

不幸, 不倫, 不純, 不快…
연일 혼자 바쁜 친구

不法한 일 많은 나라
不平不滿 많은 사람들

기나긴 不景氣 나라에
저만
好景氣란다

황제와 민들레

"수레를 그만 멈춰라,
내릴 곳이 여기로다."

문득 네로황제가
길에 납작 엎디더니

똥 묻은 민들레 송이에
제 금관을
바친다

까치집

천명天命을 어겼던 게
사람만은 아닌 것 같다

다투어 하늘 가까이
부귀영화를 조르던 저들

휑하니 몰락한 둥지가
역광逆光에도
보인다

낙화유수

원성의 높이만큼
노을은 타오르고

4대강 수심水深 깊이로
근심스레 저무는 하늘

으깨진 꽃 한 송이가
그 강물에
떠
있다

어떤 확률

유월에 황사바람
북한소행일지 몰라

삘기꽃 촛불시위도
저들 사주일지 몰라

영점 영, 영 영 영 일 프로,
쥐가
웃을지도 몰라

겨울 삘기꽃

간절한 촛불 앞에선
바람도 숨소릴 낮춘다더라

이중삼중 철책에 갇힌
민주주의 시련에도

정직한 믿음의 꽃들이
때가 되면
꼭
핀다

개망초

'망초'로도 모자라서
개망초라는 이름이네

한일합방 망한 나라
그 강산에 찾아들어

참말로
개 같은 세월
우리 함께

…

울었지

술패랭이꽃

술기운 아니고서야
어찌 속내를 저만치
열까

개판인 세상에선
꽃들조차 낮술이라는

그 곱던 가오마담의
혀가 자꾸
꼬이네

남 말하듯

멀리서 바라보면
지옥도 천당 같다

강 건너 불을 보면
불난 집이 꽃송이 같다

그렇게, 나는 그렇게
남 말하듯
산단다

포괄적 접근법으로

날개만 달고 있으면
다 새
라고 생각했지

치마만 입고 있으면
다 여자
라 생각했지

꼬리만 치고 있으면
다 개
라 하면서

십자가 벌을 선다

빨갛게 양팔간격
십자가가 벌을 선다

깊은 밤 고단한 도시에
죗값처럼 올린 어깨

밤꽃도 손을 모으고
그를 향해
서
있다

문어를 삶으면

요즘 문어들은
백 개 넘는 발이 있어

빵가게 구멍가게
이쑤시개 수입까지

그래서 문어를 삶으면
다리부터
자른다

일출의 시

일출봉 해가 뜰 땐
한 겹 두 겹 벗는
바다

하늘도 이맘때면
벗은 채로 내려와서

딱 한 번 넘어선 안 될
선을 넘고
만답니다

일몰의 시

지평선 수평선이
가슴 푸는 노을바다

잘 먹고 잘 산 자들이
오래
입을 다물더니

차고 온 챔피언 벨트를
용광로에
던진다

그게

말과 글로 쏟지 못한
또 다른 노래가 있어

눈물과 감사로도
나누지 못한 사랑이 있어

피 섞여 쏟아진 기침,
그게
나의 詩였어

2부

꿈 또는 나이 듦에 대하여

고요보법으로

무일푼 발자국이 제 소리를 낮추는 이치
사방천지 벽이라는 바람의 기별 앞에
멍하니 앉은 자세로 별만 헤고 있었지

캄캄한 능선에선 구름들이 서두르고
먹어도 또 배고픈 늦가을 저 벌판에
뒤늦게 숨을 죽이고 그믐달이 오르네

산정에 잠시 머문 춥디추운 별자리가
근처 별들에게 안부처럼 반짝일 때
쓸쓸히 붙일 곳 없는 별똥별이 떠나고

소리 내지 않아도 이를 곳에 이르는 법
만경창파 돛단배가 노를 내려놓더라도
바다가 소리 낮추며 그 배 업고 갔던 밤

푸른 하늘 은하수로 소리 없이 흘렀기에
시작도 끝도 없이 상현上弦 하현下弦 보법으로
혼자서 그렇게 가리라 벗은 발로 가리라

스며들기

맨발로 눈이 온다, 너와 나 경계를 넘어
살갗이 살갗을 허물며 봄을 잉태하는 겨울
나무도 잎을 내리고
내 곁에 와
섰구나

외로운 손바닥 위에 온몸으로 녹아들기
소리 없는 발길 앞에 소리 없는 내 사랑이여
사랑이 그런 거였네,
제가 먼저
녹는 거

까마득 까마득한 허공에서 맴돌다가
그대 위해 목숨 버리고 눈으로 화한 혼백
사람의 온기를 찾아
여기
내려왔으니

아픈 자여, 그 곁에서 아프게 했던 자여
이제 다 맨발로 내려와 저 눈 속에 함께 서자
우리의 국경선에도
눈이
오고 있으니

사뿐히 예를 갖추던

온난화 구설수에도 주말이면 눈이 왔다
한반도 입춘절기 삼한사온의 불문율처럼
들녘엔 깃털이 하얀
철새 떼가 내리고

눈 속에선 나무조차 피를 나눈 동족들 같다
종서縱書체로 휘날리는 망명정객의 일필휘지가
머나먼 국경선 안팎의
성곽들을 허물 때

아, 정녕 용서의 뿌리는 하늘 쪽에 있었던 것
사뿐히 예를 갖추던 손바닥의 눈 한 송이
사르르 마지막 눈물이
사람처럼 따뜻해

노을 산

날마다 내 안에서 잠든 나를 깨우는 산
노을녘 길을 내려와 창을 슬쩍 붉히는 산
그 창에 그와 노닐던 별만 남겨 두고서

진실을 찾는 길엔 늘 맨발이었던 산
들꽃 바람 타이르고 사람을 타이르고
비로소 비탈진 길이 내 속에 와 눕습니다

한 계단 내려서면 산도 한 발 내려서고
시 한 수 쓰고 나면 그 시 받아 품으시고는
아무런 표정도 없이 구름 속에 드는 산

"고향엔 언제 오냐?" 나직해서 붉은 미소
당신의 보자기에 노을 듬뿍 받으시고
비로소 내 가슴 속에 그가 와서 삽니다

푹 수그린 슬픔처럼

강은 갈대를 향해, 갈대는 강을 향해
조용히 말문을 여는 노을녘의 철새도래지
까맣게 천리를 이어온
점선들이 내릴 때

저어새 날갯짓이 어쩜 저리 울상일까
적갈색 바탕화면 반쯤 쓸린 수초들 사이로
피 섞인 강물자락
따라 끼룩거리고

예나 지금이나 낮은 곳에서 만나는 것들
겨울 강 먼발치에 푹 수그린 슬픔처럼
갈대숲 물그림자도
묵상 중에 있었네

꿈 또는 나이 듦에 대하여

산산조각 나기 위해 만리 길을 달려온 파도
그 파도 기다리다 제가 먼저 부서져버린
북제주 해안도로엔
그런 것들만
모여서 산다

기다림 뉘우침 또는 안타까움 따위의
명사형 바위들이 추억의 형상을 하고
앉은 채 나이만 먹는
그런 것들만
모여서 산다

속은 게지, 꿈엔 정녕 뿌리가 없었던 것을!
이 기나긴 비수기의 파도에게 전해 듣는…
겨울철 내 가슴에도
그런 것들만
모여서
산다

다도해 율법을 어기며

섬에서 일박할 때 머리맡을 지키던 여인
곤히 잠든 섬들 사이로 잠옷인 채 빠져나와
객창에 눈길 흘리던 그믐달이 있었지

생각이 끝에 닿으면 등 하나를 켜단다는
깜빡 깜빡 취중에도 말을 아끼던 섬 친구야
다도해 바위섬 꼭대기 등댓불만 같더니!

섬이 바다를 다스리고 바다가 아침을 다스리는
다도해 율법을 어기며 내 손톱에 입질하던
줄무늬 배고픈 하현下弦이 초봄이면 그리워

야화夜話

짝사랑 체험한 자는 꽃의 침묵을 안다더라
수그려 핀 꽃이 폭풍전야를 예감하듯
달 없는 언덕에 올라 꾸역꾸역 울었던,

차라리 폭풍이 와 나를 제발 할퀴어다오
지독한 짝사랑에, 피로 감춘 짝사랑에
단 한 번 소리를 내어 웃어본 적 없다던,

애인 없는 달꽃들이 한곳으로 몰려나와
달 없는 밤을 골라 노란 등을 매다는 뜻
차라리 달님을 섬겨 내 한 생을 살거나

노형동 솔밭으로 달이 덩실 떠올랐다
달 죽었다, 달 죽었다 유언비어를 퍼뜨리던
야행성 모든 곤충이 풀숲에서 울었다

옛날식 비행 법으로

혼자 마이크 잡고 인생 육십 다 불렀어
물불에 맞짱 뜨다 삼도화상 입은 노래
폐부에 남은 화기로
또 한 밤을
태웠어

관절염 절뚝거리며 길은 다시 내게로 왔어
생의 하향 곡선에서 불을 찾는 부나비처럼
자꾸만 열한 시 방향에
상반신이
기울고

노형동 거룩한 불빛이 그림자 하나씩 내리고 있을 때
타협 없이 살아왔다는 불나비 한 마리가
옛날식 비행 법으로 창을
쾅쾅
치고 있었어

신발 한 짝

한 운명을 싣고 돌아온 또 하나 운명이 멎다
닻줄조차 반납해버린 무 톤급 전마선 한 척
하반신 물속에 담근 채
돌을 베고 누워 있다

폐선 밑바닥에 바다 한쪽이 들어와 산다
그 바다 한가운데 하늘 한쪽이 내려와 살고
열아홉 어부의 딸 같은
낮달 잠시 머물다 간다

세상에 피를 바치고 세상 밖으로 버려진 것들
노을녘 바닷길을 저벅저벅 걸어 나왔을
잡부의 신발 한 짝이
폐선처럼
마르고 있었다

담쟁이 바람벽에

애써 벽을 넘고 다시 벽에 갇히리라
하루 한 번 갇히고 하루 한 번 탈옥하는,
저들은 절벽 앞에서 사다리를 버린다

한 뼘 오르기 위해 두 뼘씩을 낮추는 비법
담쟁이 초록연대가 머물다 간 바람벽엔
선천성 외유내강의 육필肉筆획이 넘치고

앞에서 뼈를 버리고 뒤에서 어둠을 쓸며
낙지보법 하나만으로 산전수전 건너온 그대
외고집 갑골문자엔 마침표가 없었네

서리 밟기

세수도 하기 전에
시 한 편 쓰는 아침

수차례 씹다 버린
소수점 이하 언어들이

어둠을 떠돌다 와서
"야옹야옹" 보챈다

빙점에 이르러서야
눈을 뜨고 귀가 돋아

풀잎 끝에 반짝이는
아날로그 시어 한 방울

어젯밤 잠 설친 별들이
산책길에 밟힌다

싸리

보름째 불볕이다,
애써 물을 아껴야지

반쯤 쓸린 바위틈에
반쯤 누운 싸리나무

염천에 하루 한 끼니,
잔별들이 떠 있다

작아서 작은 것끼리
작은 고백이 통했을까

배고파야 보인다는
개밥바라기 푸른 눈이

슬픈 듯 쌀쌀 맞은 듯
세상 밖에 떠 있다

달의 길

새들이 머물다 간 내 창가 비자나무
그림자도 남기지 않던 외눈박이 달이 와서
하얀색 깃털 하나를 남겨두고 갔느니

한참 먼 것 같지만 사람이면 걸어왔을
아픔이 큰 것 같지만 사람이면 견뎌왔을
닳도록 부르튼 길이 서쪽으로 기울어

누구나 발설할 수 없는 한 마디는 있는 거다
보름은 땅 속에서, 보름은 땅 위를 흘러
묵언의 마스크에다 엑스x자를 새기던

이제는 인사 없이 오고가는 사이가 됐지
그대에게 빼앗긴 밤이 창에 몰래 찾아와서
가끔씩 새벽 고양이 울음 놓고 가듯이

왜가리 사냥법으로

쭉 펴면 하늘이고 내리면 바다가 되는
물끄러미 물끄러미 수평선만 바라보며
외톨이 왜가리 녀석이 조간대에 산단다

바위를 쓰다듬는 노을녘의 밀물처럼
"악법도 법"이라는 사냥법을 펼치면서
반백의 소크라테스도 제주에 와 산다지

느린 듯 어리석은 듯 난세에서 배워 익힌
재래식 사냥기법의 딱 한 발짝 거리에서
물속에 거꾸로 비친 제 반쪽을 쪼는 새

먹이를 따르려 말고 먹이가 너를 따르게 하라
고요히 파문 짓는 그 오랜 사유 끝에
부리 끝 파닥거리는 시 한 점을 만났네

어부의 계단

1
바닥에 이르러서도 더 내려갈 길이 있어
바다가 그어놓은 썰 밀물의 눈금을 따라
가두리 방파제 그늘에 사다리가 놓이고,

어느새 열 길 물속 세상 속을 알아버린
바다의 손바닥을 묵묵히 오르내리는
대물린 어부의 맨발이 물고기를 닮았다

2
찢긴 그물 새로 떼를 지어 빠져나간
연근해 치어들이 화살 한 촉씩 물고 와서
고단한 도두포구의 새벽잠을 깨울 때

플라스틱 물병 속에 밤새 목이 타던 바다
포구에 이르러서야 온 살갗에 경련이 이는
바다가 어부의 손 끌며 그 계단을 오른다

바다 손금

1
멀리서 바라볼 땐 외톨이가 아름다웠지
줄 지어 따라오던 외로움의 발자국 같은
낙도에 낙오된 불빛 거기 그냥 남겨둔 채,

물마루 성채城砦 밖으로 면류관을 벗어던지고
꽃처럼 위태롭던 사랑마저 떠나보내고
키조개 껍질에 들어와 제 손금만 키우던 바다

2
흐느껴 울고 싶거든 바람 잔 날 이곳에 오라
짜디짠 세상바닥에 들깨기름 쏟아 부으며
또 하나 진주를 품은 그대 아침을 만나리니

슬픔이 빠져나간 눈부셔라 그만의 개펄
끝끝내 우리 앞에 눈물 한 방울 보이지 않았던
빙그레 속 깊은 바다의 빛나는 손금을 나는 보았지

독짓는 늙은이처럼

물불 마다 않고 여기까지 왔습니다
땅 만큼 하늘 만큼 우여곡절을 다스려 온
부처님 이목구비의
옹기 한 점
뵙습니다

만삭의 항아리를 밤새도록 쓰다듬으며
뜨겁던 열 손가락 지문까지 물려받은
또 한 점 검붉은 살갗이
독신처럼
늙습니다

당신의 손바닥엔 바보들만 산다지요
목 짧은 토우土偶들의 분절 없는 아우성 속에
늦도록 옹기를 굽는
조선 노을이
서럽습니다

이월 숲

빙점을 치르고서도 제자리를 지키는 저들
부채꼴 탑을 쌓는 나목들 관습에 따라
제몫의 하늘을 섬기는 잔뼈들이 보인다

한 곳에 이르기 위해 길 아홉을 버려야 하는
뼈뿐인 잡목 숲은 그대 영혼의 사원이었네
선채로 참선을 마친 팔다리가 하얗다

눈을 뜨지 않았어도 이월은 참 귀가 밝아
겨울과 봄 사이 뽀얀 빛이 감도는,
"바스락" 은밀한 처소에 한 쌍 새를 앉힌다

3부

라면의 힘

경운기는 당당했다

정확히 다섯 시에 경운기는 눈을 뜬다
칠십대 중반이면 아직 한창 나이라며
시퍼런 새벽정신이 노형동을 깨울 때

그립다, "텅텅텅텅!" 동네 창을 다 흔들던
"트르렁 텅텅텅텅!" 머리맡을 다 흔들던
아이도 어른도 모두 고분고분 따르던

과속의 이 거리에 경운기는 당당했다
뚝심 반 우직함 반 최고시속 삼십 킬로
노부부 노후대책을 적재함에 싣고서

그립다 그 모습, 비켜서서 걷는 모습
그립다 그 소리, 짧고 굵은 어른의 소리
늙어도 정정당당한 경운기가 계시더니

늙고 못 배워도 세상 썩은 건 그가 안다
돈 없고 빽 없어도 굽힐 줄을 모른다던
"트르렁, 텅텅텅텅텅!" 그 사람이 그립다

라면의 힘

그때 눈송이는 찐빵처럼 따뜻했지
창백한 불빛들이 창백해서 더 고왔고
나지막 처마 밑에선 굴뚝새가 울었지

파르르, 하루 한 끼니 배고팠던 겨울국화
누렇게 라면 반쪽 자취생 그 골목에서
'손창섭 잉여인간'이 나를 보고 있었지

꼬이는 듯 풀리는 듯 라면냄비 같은 인생
살짝곰보 곱슬머리 펜팔소녀 사진에서처럼
동그란 동국송이가 냄비 속에 웃을 때

허기의 힘 고난의 힘, 반역의 힘 라면의 힘!
잘 가라 끓는 피여, 눈물 젖은 길들이여
하얗게 십구공탄은 불면증에 타는데

눈처럼 전설처럼

백색 유언비어가 점차로 남하하던
영하권 한반도에 통금령이 선포되면서
하얗게 낙하산부대가 쏟아지던 무렵에,

음매음매 송아지가 하늘 향해 울고
산채로 수만 마리씩 매몰처리 됐다는 등
구제역 한우단지엔 붉은 눈이 내렸다지

한우 암소 눈시울에 잠 설치던 삼면의 바다
추울수록 김이 솟는 서해바다 체온 속으로
꽁꽁 언 군홧발들이 벗겨지고 있었지

억새는 우산 쓰지 않는다

늦가을 억새밭에 눈비 섞여 겨울이 온다
머나먼 침묵시위 수천수만의 깃발이 젖고
선채로 잠든 억새가 사람대신 젖는다

"무권無權 유죄 유권有權 무죄?"
"무권 무죄, 유권 유죄!"
생사람 물 먹이는 이 고약한 세상에서
차라리 빗물만 마시며 억새처럼 살리라

산새 한 마리가 아픈 사람처럼 운다
속옷까지 다 젖은, 푹 숙인 머리칼에서
비릿한 물방울들이
뚝뚝
지고 있었다

화살표를 따라서

고난의 세월이구나,
화살표가 많은 걸 보면

무작정 등 떠미는
세계화의 교차로 너머

배고픈 초닷새 달이
고향처럼 걸렸고,

또 어디로 가란 말이냐
영하권의 푸른 신호여!

길 앞에 끄덕이는
실직자들의 불문율처럼

바쁜 척 오늘도 뛴다,
화살표를 따라서

설야雪夜

출산 장려시대
그 후문을 들락거리던

십대 미혼모가
발소리 낮추는 골목

아득히 쓸갯물 토하듯
밤고양이 울었지

수천 억 광고효과
금메달에 침이 마를 때

산파 없이 몸을 가르는
주거불명 이 땅의 꽃들

멈춰 선 구급차 한 대가
도심의 눈물을
닦고
있었지

붉은 상소

"혈서는 언제나 마침표부터 찍는다."는
시인 이정록의 「붉은 편지」를 다시 읽으며
구제역 방제요원의 피 묻은 장갑을 그려봤지

허옇게 눈 뒤집고, 흙속에서 꿈틀거리던
네 발 달린 짐승들의 비명소리가 하늘을 찌르는
올 겨울 함박눈에는 피가 섞여 내린다지

언 땅에 무릎 꿇어 하늘의 용서를 빌며
가축 생매장하고 농민가슴에 얼굴을 묻던
일용직 근무일지도 피범벅이 됐다지 아마?

누가 또 핏빛하늘에 사의찬미를 띄우는가
갈대들 수군거리는 4대강 하류로 와서
살처분 붉은 상소의 마침표를 찍는가

싸리나무

가을과 겨울 사이 붓 한 자루 섰습니다
고민 고민 고민거리가 너무 너무 많은 계절
노총각 싸리나무가 반쯤 말라 있습니다

빗자루 되고 싶고 붓이 되고 싶기도 하고
화살이 되고 싶고 총이 되고 싶기도 하고
시인도 이쯤에 와선 싸리처럼 마릅니다

간담의 한 부분을 떼어주지 않고서는
도저히 인간들에게 먹혀들지 않는 이 땅
며칠째 굶은 싸리가 겨울 입구에 섰습니다

겉으로 젖으면서 속으로 마르는 싸리
젖은 머리칼에 방울방울 지는 어둠
석 박사 다 치른 그가 싸리처럼 섰습니다

문전옥답 다 바치고 마지막 남은 텃밭
구부정 지팡이에 서울 쪽만 바라보던
칠십대 굽은 올레가 아득해져 갑니다

촌로는 낫을 들고 그 싸리를 자릅니다
새끼줄 곱게 엮어 의젓해진 싸리비가
올겨울 올레 가득한 눈 더미를 쓸 겁니다

제주 돌

좁쌀만 한 섬 안에서 좁쌀 먹고 자란 놈이
좁쌀만 한 생각으로 좁쌀 같은 생을 산다
돌인들 차마 어쩌랴, 그 곁에 와 놓일 뿐

한낮에 볕을 받아 체온을 품었다가
밤이면 체온을 나눠 어린 초목을 잠재우는
나 그때 엄한 세월에 그런 돌을 보았지

장마 때 비를 맞고 그 빗물을 품었다가
가물면 물기를 나눠 어린 초목 목 축이는
나 그때 가문 세월에 그런 돌을 보았지

이리저리 구르면서 놓일 자리 찾던 그 돌
기우뚱 담벼락에 꼭꼭 숨어 받쳐준 돌
어쩌다 막 가는 세월에 잠깬 돌을 보았지

풀밭에 풀처럼 살다가

뜨거웠네, 김을 매는 맨발바닥이 뜨거웠네
까만 화산회토에 종일토록 내리쬐던,
칠팔월 목 타는 땅에 풀도 나도 타던 때

바람이 동에서 불면 이 땅엔 비가 왔지
비 오면 풀뿌리가 땅을 바짝 움켜쥐고
머리채 다 뽑히도록 기를 쓰고 버텼지

바랭이는 바랭이대로 엉겅퀴는 엉겅퀴대로
독초는 독초대로 약초는 약초대로
하늘이 허락한 키로 제자리를 지키며

신음은 있었지만 풀은 결코 울지 않았네
눕는 시늉하지만 풀은 결코 눕지 않았네
슬퍼도 아침이 오면 눈물 금세 거두며

농사도 짓지 않고 김수영은 「풀」을 썼네
18행 142자를 단숨에 쓴 것 같은
일년생 풀 같은 시가 한 백 년을 사는 땅

이제 풀 가까이 눈높이를 낮추리라
초록물 뚝뚝 지는 그런 시를 가꾸리라
풀밭에 풀처럼 살다가 시詩만 두고 가리라

벽돌

공원 보행코스에 벽돌들이 곱습니다
곡선엔 짧은 벽돌, 직선에선 긴 벽돌이
벽돌이 벽돌을 잡고 길 하나를 낸답니다

놓일 데 놓이고파 벽돌이 됐답니다
붉은 벽돌 초록 벽돌 시멘트 벽돌 저들처럼
설 자리 앉을 자리가 정해진 듯 합니다

벽돌 위에 벽돌이 놓여도 벽돌은 기뻐합니다
벽돌 아래 벽돌이 놓여도 벽돌은 감사합니다
반듯한 인사말들이 자로 잰 듯 합니다

바위가 크면 클수록 돌부처도 큰다지요
버릴 것 다 버리고 깎일 것 다 깎여서야
비로소 빙그레 웃는 그 용안을 뵙듯이

삘기꽃 피면

유월 문턱 넘어서면 들꽃조차 소복素服이다
들찔레 쥐똥나무 삘기꽃 무더기가
저마다 촛불을 켜고 산자락을 넘어와

개민들레 이 녀석도 한국꽃이 다 되었다
슬쩍슬쩍 사람의 눈치 산의 눈치를 엿보면서
저마다 '개'자 돌림의 거짓말도 한단다.

시인이 설 자리가 낮고 습한 곳이라면
진실의 설 자리도 낮고 약한 곳이라지
몸으로, 하얗게 타는 저 유월의 산하에

촛불이 하나일 때 기도의 상징이듯
둘이요 셋일 때는 제단의 상징이듯
십이요 백일 때라면 광화문을 밝힐 터

어쩌랴, 이 땅에 법과 질서가 사라진 지금
약자의 연대가 백두대간의 연대를 이어
비폭력 연대를 이루며 백두대간이 하얗구나

발자국이 쌓여서 길 하나를 이룬댔지
삘기꽃 모이고 모여 사람들이 모이고 모여

유월의 하얀 광장에 진실들이 또 모여

어제까지 밤이 춥더니 오늘 벌써 여름이네
하루 이틀 그 사이에 봄이 훌쩍 달아나버린
삘기꽃 저들만 피어 길을 밝혀 섰구나

싸락눈

하늘도 가끔씩은
직설적 기법을 쓴다

끝끝내 추락지점이
밑바닥은 아니라며

무수한 자존심들이
통통 튕겨 오른다

저들 어딘가에
반항아의 기질이 있어

하늘을 성토하던
대량해고 근로자들이

우루루 쏟아져 나온
발목 들이 하얗다

뿌리

힘없는 줄기들이 남의 등에 기대어 살 듯
뿌리가 약할수록 잎과 가지를 버리듯이
용기도 지혜 없이도 식물들은 삽니다

지엽을 내려놓을 때 저들도 아팠겠지요
엄동의 눈보라 속 뼈 뿐인 자작나무가
감기에 콜록거리는 나를 보고 있습니다

밖에서 보이는 건 뿌리가 아닙니다
호락호락 뽑히는 건 뿌리가 아닙니다
다 죽어 썩은 세상이 그 기질을 키웠듯!

봄을 기다리며

겨울을 잘 넘겨야 봄이 쉽게 찾아온다
지표에 꼬물꼬물 생명줄이 살았을 때
사랑의 기름을 부어라, 불씨들을 살려라

겨울꽃 국화에게 목련향을 구하지 마라
사랑에 굶주린 자에게 우정을 구하지 마라
색깔론 따지는 자에게 시詩 따위를 거두라

너의 힘만으로 겨울을 넘길 수 있다면
물 한 방울 아끼는데 온 살갗을 집중시키라
가지에 물이 마르면 꽃도 싹도 없느니

사색이며 네 노동을 봄을 위해 준비하라
짧은 겨울 해가 눈을 녹이고 있는 동안
별꽃의 기도소리에 귀를 열고 있으라

한라산 백록담엔 백록 대신 노루가 산다
풀만 먹고 살던 조상들을 빼닮은 짐승
먼발치 사람을 보면 원수 보듯 하고나

"기다려, 기다려라" … 지겹도록 기다렸지
참고 참고 견디어도 기쁨의 날은 오지 않고

잘 나고 잘 배운 놈들의 송곳니만 보였지

그래서 어쨌단 말이냐, 그래서 어쩌란 말이냐!
이 비 그치면 먼 설산에 눈이 오리라
그 설산 나목들처럼 뿔을 달고 서리라

웃다가 우는 별들

글줄이 막힐 때면 텃밭에 가 물어본다
북 치고 장구 치던 잡것들이 떠난 텃밭
눈 녹은 이랑 사이로 별이 몇 개 보인다

육식과 커피까지 엄격히 금한다는
별나라 까만 땅이 금연구역인 것 같다
"이-!"하고 새하얀 치아를 사람에게 보이는

햇볕 오전 중에 눈이 속속 녹고 있다
보리밭 무 이파리에 눈이 빨리 녹는 걸 보면
엄동을 넘기는 법을 익히 알고 있었네

해 지고 낮이 가면 별 뜨고 밤이 오네
하늘엔 별꽃이 피고 텃밭에는 별들이 웃네
웃다가 우는 별들이 너무 많은 겨울밤

하늘님이 이상헤

요즘 하늘께서도 옳지 않는 쪽으로 도셔
나쁜 짓만 골라 해도 잘 먹이고 잘 재우셔
가끔씩 권력을 따르며 허툰 짓도 다 하셔

거미집에 걸린 달이 내게 와서 화풀이네
나뭇가지 거미줄이 천망天網이라 사기를 친
엊그제 시 창작 강의가 완전 엉터리라며

요즘 하늘께서도 배가 몹시 고프신지
최저 임금만으로도 히죽 히죽 돌아서 웃는
이 겨울 한국 하늘이 사람들을 닮았어

바른 말 하면 할수록 그 입엔 거미줄 쳐!
진보성향 글쟁이 놈들 다 잡아 쳐 넣어 삐!
어느새 수구세력들 어투까지 쓰시며

갈 之,

— 해방구의 노래

눈 쌓인 대로에선 독불장군 흉내를 냈어
하얀 밤 한길에다 상하좌우로 갈겨대던
취중의 그 오줌발로 '자유'라고 쓰던 때

우리들 해방구엔 노상방뇨 관습이 있어
술 여자 음담패설 육두문자 총집합이
죽을 맛 그런 세상에 그게 있어 좋았지

정치 경제 사회 문화 그 거창한 낱말들을
길바닥에 불러 모아 질질 끌고 다니다가
가끔씩 그 쪽을 향해 침을 뱉고 싶은 날

그때 눈길에다 오줌으로 글을 썼다
짝사랑 하던 여자 그 여자의 이름을 쓰고
그 옆에 눈사람 세워 이름표도 달면서

슬리퍼의 길

야간 인도블록 위에 슬리퍼가 멈춰 있다
등 쪽에 끈이 뜯겨 길을 가다 뚝 끊긴 길
신과 발 그리고 길이 이쯤해서 갈라선

뜯긴 신발을 두고 맨발로 걸어갔을
그 착한 발바닥이 주인 맘을 알아보고
기우뚱 갸우뚱 하며 주인 업고 갔을 밤

신과 발의 만남…완벽했던 인연의 길
신은 발을 잃고 발은 또 신을 잃고
맨발로 주인을 보내고 신과 길만 남았다

한 생을 마르고 닳도록 섬겨오던 서민의 발
어쩜 외국인 근로자 까만 살갗을 쓰다듬던
발보다 더 아픈 신발이 제 운명을 다한 날

참 딱도 하다, 유기된 슬리퍼 두 쪽
발자국 다 지우고서야 비로소 길이 되는
밤길을 아프게 걸었을 그 맨발이 궁금해

4부

탈옥을 꿈꾸며

– 즉흥시대

꽃보다 고운 싹들

병원 가고 오는 길에 꽃보다도 고운 싹들
당단풍 관목 싹이 단풍보다 되레 붉고
아파트 주변 장미들 빨간 싹이 꽃이다

가로수 틈바구니에 눈빛 고운 자운영이
곱슬곱슬 더듬이로 감아올린 삼월 하늘
붉은 혀 날름거리는 꽃술들이 진해라

홍단풍 나무 싹은 새봄부터 핏빛이다
아픈 내게 다가와서 속삭이는 봄날 한때
진통제 주사기운에 길이 자꾸 휘누나

봄비 내리시네, 애인처럼 또 오시네
반쯤 젖은 머리 반쯤 젖은 길을 밟고
우산도 장화도 없이 우리 골목 오시네

달인 듯이 꽃인 듯이

슬픔에도 젖지 않은 슬픈 자식이 여기 있었네
햇볕에서 빨아 내린 태양의 하얀 미소
내 결코 비울 수 없는 꽃씨주머니처럼

걸어서만 갈 수 있는 그대 하늘이 여기 있었네
바람에게 빼앗기다 속옷춤에 감추고 온
따뜻한 심지 하나로 그대 앞에 불 밝힐

이제 고스란히 몸을 태울 영토에서
빗물이 쓰다듬다 그 빗물에 묻어나간
초록빛 수실 한 올에 성냥불을 긋던 너

불태워 꽃이 되는, 꽃잎에서 산화하는
햇빛 한 조각을 빚어내던 내 창틀에
고요히 내려와 웃는 열아홉 살 소녀야

참 착한 초식동물이

— 소섬*

바다의 이목구비가 노을녘엔 부처입니다
말끔히 닦아낸 시월 하늘 유리창 안으로
닮아서 둥글납작한 섬이 와서 눕습니다

바람이 모이는 곳에 파도들이 눕습니다
초록 뿔 모서리를 수평선상에 올려놓고
늦도록 지글거리며 소라들이 익습니다

섬의 머리에서 살짝 스치는 파래 향기
봄 여름 가을 겨울 한 곳에서 풀을 뜯던
참 착한 반추동물이 풀을 깔고 눕습니다

신새벽 달빛 밖으로 방생했던 고깃배들
순화된 그리움으로 노을뱃길을 저어 와서
희디흰 지느러미를 포구에 와 내립니다

뿔이 있는 짐승들은 피 냄새를 모른다지요
불가근불가원 딱 그만한 간격을 두고
초식성 사랑만 나누는 섬이 거기 산답니다

* 제주도 맨 동쪽에 있는 섬, 牛島.

수산봉 밤 그림자

연등을 거두듯이 가을 꽃 지는 저녁
엊그제 반달이 만월 가까이 이르면서
저 혼자 솔숲 밝히던 가을이 또 왔구나

이마에 미열 앓다 저 혼자서 눈을 감는
한라산 서북 벽의 내려앉는 항로에는
붉은 색 억새 머리가 혼신 다해 흔들 쯤

하나가 되기 위해 밤과 낮을 바꿔보지만
소소한 빛깔이나 억새놀음 같은 것이
저마다 자리를 뜨고 적막으로 채운 밤

밤이면 동서남북 경계선이 사라지고
어렴풋 상과 하의 체위들이 바뀌면서
마침내 하나가 되는 그런 밤이었던 거

어두워야 드러나는 우리의 본심 같은
낮에 만난 산과 숲이 윤곽들만 남겨둔 채
푸르게 건네던 눈빛도 이름들도 지우며

밤이 내미는 건 깨어 있는 불빛 두엇
우리가 만날 것은 큰 것들이 아니었네
말없이 말을 나누다 차를 다시 돌리다

겨울수선화

안간힘 다하고서
마지막에 웃는 저 꽃

남루해진 햇살조차
겹겹이 끌어안으며

황금색 줄줄이 엮어
겨울 길을 밝힌다

기초화장만으로도
내겐 늘 과분했지

어젯밤 산책길에
살짝 건네 온 눈인사가

학생 때 짝사랑했던
농아처럼 고왔지

노인꽃

눈 온다, 천하지 대본, 그 대본大本이 무너진다
텅 빈 논밭 둑에 앉은 채로 말을 더듬던
나이 든 쑥부쟁이의 세상 타령이듯이

꽃동네 가까운 데 할미꽃을 땅에다 묻고
봄이면 봄꽃으로 여름이면 여름꽃으로
겨울엔 꽃을 대신해 눈발 저리 날리네

꽃과 말이 통하려면 백 년쯤은 살아야지
무수한 꽃들에게 시를 빌려 쓰면서도
꽃 앞에 꽃을 바치는 그런 시가 없잖아

눈 펑펑 언덕길에 노인 발자국이 가네
발자국만 보고서도 절뚝거림을 알 수 있는
꽃잎도 크고 작구나, 절뚝절뚝 노인꽃

머리 희고 눈썹 희고 수염까지 희어지면서
어느새 하얗게 피는 눈 오는 길 노인꽃
무너진 천하지 대본… 눈발들이 날리네

하얀 철새

엊그제 비이던 것이 모자 쓰고 오시는 눈
겨울 발자국이 폭신폭신 찍히시네
아득히 솔잎 사이로
불빛들이
따르고

그리움은 저 눈처럼 발소리가 나지 않아
만발했던 울화조차 눈이 오면 꽃인 것을
나 여기 도래지에 와
철새처럼
네리네

영롱한 빛의 다리가

안개가 풀잎에 내려 겨울 새벽 서리가 되고
서리가 그곳에 녹아 아침 이슬로 맺히면서
영롱한 빛의 다리가 세상 향해 놓일 때

새벽 저 물방울 같은 내 방 하나를 갖고 싶어
사방팔방 창이 환한 그런 방을 갖고 싶어
"쨍!" 하고 몸으로 튕기는 아침햇살 받으며

하나의 봉오리엔 한 번 개화만 허락하듯
물방울 하나에도 운명이란 게 있는 것 같다
딱 한 번 절정의 순간…너와 내가 만나듯

이월의 귀

겨울 끝자락에
소리 낮춰 오시는 비

소곤소곤 소곤소곤
귀 기울여 듣고 싶은

따스한 봄의 밀담이
어느 귀를 적시나

혼신의 싹들을 위해
마중물로 오시는 비

어둠과 빛의 경계
땅에 바싹 내려오신

낯익은 하늘 한 쪽이
떡잎 귀를 여신다

봄은 참 잔인도 하지요

날려 온 그 씨앗의 힘겨운 뿌리를 위해
바위도 그 틈을 열어 흙을 준비하듯이
어느새 봄을 비집고 민들레가 웃네요

살아있는 자들에겐 입김으로 꼬드기고
죽은 가지 앞엔 물 한 방울 주지 않는
사월은 잔인도 하지요, 봄 같지가 않아요

해빙에 이르러서 가려움증이 시작되고
온 천지 꽃을 피워도 꾹꾹 눌러 참는 버릇
뒤틀린 돌담을 넘어 인동초 꽃 피어요

빛에 순종하고 어둠 앞에 고개 숙이는
숲은 늘 한 뼘 분량의 휴경지를 남겨두고
고단한 발자국들을 덮어두고 있느니

스스로 눈 뜰 때까지 밤을 길게 해 두리라
사랑과 미움 사이로 너와 나 애증의 강
숨어서 우리를 지켜온 푸른 눈이 있네요

허공의 집

하늘에 뿌리 뻗고 땅속으로 잎을 펼치는
장마철 눈이 오고 한겨울에 비 오는
단풍이 꽃을 덮고서 꽃이라고 하는 곳

허공에선 보이지만 지상에선 보이지 않는
언어의 애벌레가 유충기의 탈을 쓰고
고사목 가슴에 붙어 맴맴 울고 있는 집

어찌 내 운명이 이곳에 와 놓였는가
기둥 없이 토대 없이 거미줄도 한 올 없이
별들이 중간 쯤 내려와 엿보다가 가는 곳

일 곱하기 일십 하면 일백이 되는 그곳
바람과 사람이 만나 가파른 숨 쉬는 그곳
좀처럼 입 열지 않던 달도 거기 와 있어

어제가 내일이 되고 밥이 또 길이 되는
까치가 까치밥에게 콕콕 찍혀 먹히는 곳
아찔한 벼랑 꼭대기…, 별을 따러 앉았다

말끔한 길 위에는

비 멎고 바람 멎자
여인 같은 해님이네

말끔한 보도블록
말끔한 가로수 가지

다 비운 길과 나무가
봄쪽으로 놓이고

햇빛이 밝을수록
그림자는 뚜렷해라

그림자 뚜렷할수록
지은 죄도 뚜렷해라

뚜렷한 그림자 하나가
나를 앞서 걷는 길

딱따구리 화법으로

부쩍, 봄이 가깝다 하여 새소리도 요란한,
관목 숲 먼발치서 하늘나라 계단을 쌓는
빨간색 베레모를 쓴 날라리를 만났네

녀석의 화법에는 질문시간이 따로 없었네
일방적 부리 하나로 천상의 길을 낸다던
원통형 하늘계단엔 귀가 솔깃하더니만,

아, 저건 평생 꿈꾸던 나의 수법이 아니던가
달뜨는 쪽을 향해 동그랗게 창을 내고
詩 없는 시작노트를 목판에다 새기는

그리고 오늘 다시 대출안내 전화가 왔네
큰오색딱따구리의 따발총 화법으로
"따다다, 따따다다다!" 액정판을 쪼고 있었네

리모컨 시대

세수도 하지 않고 드라마 속으로 출근하는
사랑 잃은 여자를 제 몸처럼 사랑하는
익숙한 이 땅의 불행에 점을 치고 앉았어

슬픔도 가지가지 묶고 보면 다 똑같아
우리나라 시청자들 점쟁이가 다 된 지금
신통한 점괘를 짚고 히히 해해 웃으며

낮에 열두 관문 밤에도 열두 관문
중독에 걸린 채로 다시 열두 관문을 지나면서
주인공 귀싸대기를 사정없이 갈기며

일시 정지 단축 버튼에 눈물 반 침 흘림 반
머리맡 손닿는 곳에 리모컨을 모시고 사는
희한한 동방 불빛의 멜로물이 또 뜬다

냄비아침

배고파 밥 앉히고 돌아와서 시 쓰는 아침
떡잎들 기도소리 사람처럼 듣는 아침
까맣게 밥을 태우고 어쩔 줄을 모른다

밥 태우고 속 태우는 냄비는 정직해라
수동식 고집하는 우리 냄비는 정직해라
게을러 이 편한 세상에, 나는 냄비 편이야

밥은 타버리고 밥 탄 냄새 가득한 아침
배가 고프지만 고픈 만큼 채우려 드는
정직한 나의 냄비도 속이 보통 아닐 걸?

새벽산책

그때 별빛들이 그때 그 이슬이
슬플 때나 기쁠 때나 딱 그만한 표정으로
새벽녘 배고픈 빛들 내 발등에 내려와

죽어서야 돌아간다는 그 아득한 별의 나라
새벽 풀잎 끝에 한 시 잠시 내렸다가
또 어느 혼령을 품고 다시 별이 된다는

차라리 어둠을 틈타 신새벽에 나서는 길
별과 이슬 그리고 詩 그 불안한 떨림들조차
하얗게 밤잠을 설친 이웃처럼 만난다

봄꿈

어제는 초닷새 달이 저 좀 봐달라며
봄 오는 나뭇가지 입술 끝을 귀에 걸고
파랗게 색소가 섞인 문자 보내 왔었다

반백의 나이에도 물기 철철 넘치누나
달님과 홀랑 벗어 밤새도록 뒹굴었던
어젯밤 기막힌 꿈에 십년 회춘했겠지?

스팸메일 휴지통에 하루 열통 이상이 쌓인
야한 동영상을 볼까 말까 하다가도
슬며시 클릭을 하면 로그인을 하란다

"꿈은 이루어진다" 그 헛소릴 믿는 이 봄
밤의 숲쪽으로 설핏 설핏 눈이 가는…
어제 그 달님이 와서 술 한 잔을 하잔다

오월 길

새순 내는 가로수가 묵은 잎을 내리면서
순풍 사이사이로 우수수 쏟아지는
청량한 오월하늘이 길을 따라 밟힌다

오월엔 그림자조차 살랑살랑 소리를 낸다
가로수 그림자를 밟기가 참 송구하여
얼룩진 사이사이로 발을 들어 걷는 길

어제 그 산비둘기가 가로수에 울고 있다
얼핏 보면 울음 같고 얼핏 보면 능청 같은
한참을 걷다 들어도 자꾸 뒤를 따라와

요즘엔 새들조차 그 울음이 내숭 같다
하늘 눈치 사람 눈치 제짝 눈치 다 살핀 후
우는 척 아닌 척 하며 챙길 것만 챙기며

밤비

취객의 혼잣말처럼 깊은 밤에 오시는 비
하나 둘 불경기의 간판 불이 꺼지면서
양순한 우산 하나가
젖은 밤을 펴들 때

말소리 숨소리 조심성 참 많은 밤비
슬픔의 잔가지에 대롱대롱 맺힌 봄이
이제나 저제나 하다
목덜미를 깨운다

문득 그 자리에 올려다 본 까만 하늘
사랑을 모르고 산 어둠의 살갗들이
순순히 악역을 풀고
밤을 속삭이잔다

기다림에 대하여

내가 그를 기다렸듯이 그가 나를 기다렸을
이제 육십여 년 그 세월을 기다려 준
팔방에 등을 돌린 척 꾹꾹 참고 있었던,

평생에 딱 하나 기다려 목이 훌쩍 길어버린
기린 같은 모가지로, 기린 같은 눈시울로
서툴게 시의 초원을 뚜벅대고 있으니

만나야 할 인연이라면 사막인들 마다하랴
건져야 할 시어라면 지옥불인들 마다하랴
저마다 하나씩 둘씩 이제 얼굴 보느니

꽃을 들고 기다릴까, 눈물 품고 기다릴까
더러는 시로 오고 더러는 눈물로 오는
간절한 눈빛 몸빛이 모두 반쪽이었네

일 년을 기다리면 사랑이 되는 것을
십 년을 기다리면 한이 되고 마는 것을
육십 년 기다린 사연 그게 모두 詩였네

달을 만나고

엊그제 초승인 게 오늘은 반달이네
임신 넉 달 훨씬 넘긴 저 다산성의 몸통을 하고
오늘은 공원 벤치에 혼자 내려 있었다

저녁도 먹지 않고 잠시 내려온 초이레 달
노형동 사람들이 달 사랑의 소식을 듣고
한 달에 한두 번씩은 꼭꼭 여길 찾는다

하루 한 번씩은 꼭 변덕 부리는 달
어제 주고받은 문자에 대한 언급을 하자
"뭐 그냥 없었던 일로 해요" 그게 훨씬 편하대

"저 우리 이제 그만 없었던 일로 해요"
몇 년 전 초가을에 상사화가 그랬었지
날마다 얼굴 바꾸는 달의 속내도 저럴 거

달은 참 편키도 해라, 핑계거리도 많기도 해라
"바빠요, 아파요, 지쳐요!" 한 마디 툭 던져놓고
묻지 마 밀월여행을 달나라로 뜨는 달

Apple론論

1. 과피– 자유
고이고이 제 속살을 아끼고 보살피던
붉도록 아팠던 껍질 하나 둘 벗어던지는
행복을 지키는 껍질의 붉은 뜻을 알겠네

2. 과육– 행복
껍질 없는 과육이 없듯 자유 없는 행복이 없네
달콤한 행복이여, 네 껍질에 감사하라
사랑의 달콤한 샘물이 과육 속에 솟나니

3. 단맛– 사랑
행복 없는 자유 없고 사랑 없는 행복이 없네
외로움은 홀로가 아니라 반쪽이었음이었네
쓴 세상 외로운 영혼은 모두 반쪽이던 것

4. 쟁반– 섹스
반쪽이 반쪽을 만나 쟁반 위에 발가벗었네
반쪽에 반쪽을 섞어 비로소 하나가 됐네
달빛에 감전된 들녘이 온몸으로 우는 밤

5. 씨앗– 생명의 잉태
열매 가장 깊은 곳에 하늘의 탯줄을 빨며

예쁜 씨앗들이 어둠 속에 쌔쌔 거리네
비로소 껍질이 웃었네, 자유라는 이름의!

하늘의 손

– 성에
일은 내가 했는데 창이 땀을 흘리시네
밖이 춥다, 밖이 춥다 줄줄이 흘리시는
하늘이 방으로 들어와 젖은 수건을 건네시네

– 눈
한 계단 내리려면 두 욕심을 버리란다
봄이 오기 전에 차곡차곡 건네는 말씀
함박눈 얼굴을 하고 산타처럼 오시네

– 방울
여인의 눈물방울에 하늘 한 방울 숨어 있어
아이들 눈물방울에 하늘 두 방울 숨어 있어
뉘우쳐 흘리는 눈물엔 온통 하늘이란 걸

– 비
하늘의 목소리는 봄비처럼 가늘단다
어느 가슴에도 사분사분 스미기 위해
오늘은 봄비로 오시는 발소리가 들린다

– 안개
때로는 하늘께서도 가릴 때가 있으시다

노루의 분만을 위해 사냥꾼을 막아서는
그래서 안개동산에 안개꽃을 피우셔

– 장맛비
오래오래 내리기 위해 높이높이 오르신 하늘
오래오래 달래기 위해 오래오래 내리시는
장맛비 한창인 날엔 새도 울지 않았네

– 소나기
때론 벌주시는 것도 참 인간적이신 하늘
놀고먹는 자들을 하늘 가까이 불러 모아
잘 달군 아스팔트로 선착순을 시킨다

– 구월 비
구월엔 하늘의 입장도 무척 난처하다신다
비를 줄까 바람을 줄까 바래도록 고민하신
촉촉이 알곡을 주시고 밥할 물도 주시고

– 이슬
오늘 본 이슬방울이 오십년 전과 다를 바 없네
풀잎에 맺혔다가 해가 뜨면 사라지는
세상의 물방울들이 그와 비슷한 걸 뭐

– 이슬 · 2
하늘이 내렸다가 하늘이 거두시는
천년의 물방울처럼 나도 한방울 이슬인 거
진주 빛 방울방울이 그게 눈물이던 거

– 이슬 · 3
하늘의 강림에는 새벽쯤이 맞을 거다
모든 이가 잠이 들고 모든 길이 잠이 들 때
또르르 구르며 오실 그게 이슬이던 거

– 서리
땅의 얼굴빛깔이 끝내 흑색이라시면
끝내 하늘의 얼굴은 흰색 비단 그게 맞다
풀밭에 벗어두고 간 두루마길 보누나

– 낙엽
이승을 하늘에 두고 저승으로 오시는 당신
당신이 허락하신 그만큼의 높이에서
충분히 물이 들어서야 이승으로 오시네

– 낙엽 · 2
내게로 향하다가 비로소 비우는 마음

끝끝내 감추고 온 이 지상의 마지막 사랑을
뒤늦게 털어 놓누나, 나무 잎을 빌려서

– 낙엽 · 3
세상을 뜨기 위해 다 아래로 내려왔지
황홀한 마감을 위해 계단 하나씩 마련해 주신
오늘은 은막을 가리고 잎을 먼저 내리시네

탈옥을 꿈꾸며

스스로 갇혀 사는 창살보다 더한 감옥
더 먼 곳 더 깊은 곳 그 감옥에 갇히기 위해
오늘도 갇혀 삽니다, 시조 삼장 육구의

강낭콩 콩깍지에 강낭콩이 숨어서 크듯
삼장 육 구 열두 음보에 숨어있는 하늘의 마음
그곳을 찾아 삽니다, 그 감옥을 지고서

자신에게 묻습니다, 네 장점이 무어냐고
또 내게 묻습니다, 네 단점이 몇이냐고
묶다가 풀다가 하며 내 포승을 놓습니다

좋은 책 좋은 스승은 가둬두지 않습니다
좋은 법 좋은 길은 가둬두지 않습니다
차라리 제 몸을 풀어 길을 더욱 밝힙니다

그래서 나의 포승은 내 안에 꽉 차 있습니다
열 번 묶고도 남을 그 포승에 다시 묶여
오늘도 아픈 몸 이끌고 시를 찾아 나섭니다

시는 나의 감옥이며 해방구라 말합니다
시는 나의 반쪽이며 목적이라 말합니다

세상에 아름다운 감옥, 그 감옥이 좋습니다

오월도 막바지에 여름처럼 덥습니다
더운 길 한참을 걸어 연금 받고 왔습니다
이 달도 구만 육천 원 기초 삶을 산답니다

메추리 알 대여섯 개 플라이를 해두신 하늘
저녁 산책길에 개망초꽃을 보았습니다
때맞춰 새하얀 얼굴 보름달이 오릅니다

풋고추 메추리알 그 작은 걸 왜 먹나요?
먹을 거 넘쳐나는 대한민국 이 땅에서
작은 거 금기시 하는 그도 감옥이랍니다

생명을 중시하며 생명을 먹습니다
먹어서 내 몸속에 그 생명을 가꾼다는
희한한 나의 논리에 들꽃들이 웃습니다

웃다가 꽃을 보면 저도 내가 되겠다며
차라리 나를 먹어 제가 시인이 되겠다며
오늘도 카메라 속에 잠복하고 있습니다
(2013년 5월 25일, 즉흥시조 3906계단 내려온 지점)

해설

이 한 편의 시

— 탈옥을 꿈꾸며

반경환 철학예술가 · 『애지』 주간

'이 한 편의 시
— 탈옥을 꿈꾸며

반경환 철학예술가 · 『애지』 주간

탈옥을 꿈꾸며

고정국

스스로 갇혀 사는 창살보다 더한 감옥
더 먼 곳 더 깊은 곳 그 감옥에 갇히기 위해
오늘도 갇혀 삽니다, 시조 삼장 육구의

강낭콩 콩깍지에 강낭콩이 숨어서 크듯
삼장 육구 열두 음보에 숨어있는 하늘의 마음
그곳을 찾아 삽니다, 그 감옥을 지고서

자신에게 묻습니다, 네 장점이 무어냐고
또 내게 묻습니다, 네 단점이 몇이냐고
묶다가 풀다가 하며 내 포승을 놓습니다

좋은 책 좋은 스승은 가둬두지 않습니다
좋은 법 좋은 길은 가둬두지 않습니다
차라리 제 몸을 풀어 길을 더욱 밝힙니다

그래서 나의 포승은 내 안에 꽉 차 있습니다
열 번 묶고도 남을 그 포승에 다시 묶여
오늘도 아픈 몸 이끌고 시를 찾아 나섭니다

시는 나의 감옥이며 해방구라 말합니다
시는 나의 반쪽이며 목적이라 말합니다
세상에 아름다운 감옥, 그 감옥이 좋습니다

오월도 막바지에 여름처럼 덥습니다
더운 길 한참을 걸어 연금 받고 왔습니다
이 달도 구만 육천 원 기초 삶을 산답니다

메추리 알 대여섯 개 플라이를 해두신 하늘
저녁 산책길에 개망초꽃을 보았습니다
때맞춰 새하얀 얼굴 보름달이 오릅니다

풋고추 메추리알 그 작은 걸 왜 먹나요?
먹을 거 넘쳐나는 대한민국 이 땅에서
작은 거 금기시 하는 그도 감옥이랍니다

생명을 중시하며 생명을 먹습니다
먹어서 내 몸속에 그 생명을 가꾼다는

희한한 나의 논리에 들꽃들이 웃습니다

웃다가 꽃을 보면 저도 내가 되겠다며
차라리 나를 먹어 제가 시인이 되겠다며
오늘도 카메라 속에 잠복하고 있습니다
(2013년 5월 25일, 즉흥시조 3906계단 내려온 지점)

— 고정국 시집, 『탈옥을 꿈꾸며』에서

신성모독이란 무엇일까? 신성이란 성스러운 것이고, 이 성스러운 것을 모독한다는 것은 만인들의 의사에 반하여, 그 금기를 깨뜨렸다는 것을 말한다. 금기를 깨뜨렸다는 것은 범하지 말아야 할 것을 범했다는 것을 뜻하고, 그는 아담과 이브처럼, 에덴동산에서 쫓겨나게 되었다는 것을 뜻한다. "나는 신성모독을 범한다, 고로 존재한다"는 낙천주의자의 제일의 명제인데, 왜냐하면 신성모독을 범하지 않으면 이 세상의 삶이 없기 때문이다.

아이가 태어날 때에도 아버지는 죽고, 아이가 성장할 때에도 아버지는 죽으며, 아이가 이윽고 제 힘으로 살아갈 때에는, 바로 그때에는 진짜로 아버지가 죽는다. 아버지가 늙거나 병들어도 그 권좌에서 내려오지 않으면 아들에게 살해를 당하고, 아버지가 사사건건 종교적인 이유로나 학문적, 또는 혈연적인 이유로나 도덕적인 이유로 아들의 앞길을 가로막을 때에도 아버지는 살해를 당한다. 자식을 이기는 부모는 없다라는 말도 있지만, 그러나 자기 스스로 그 모든 권력을 아들에게 양도하는 부모도 별로 없다.

생명이 생명을 먹는 것은 원죄가 되고, 이 원죄의 댓가로

그는 영원한 죄인이 된다. 아버지를 살해한 것은 크나 큰 죄가 되고, 그는 자기가 자기 스스로를 구속한다. 하지만, 그러나 아버지를 살해하지 않으면 나의 삶이 없다는 것을 깨닫고 곧바로 또다시 그 감옥을 탈출하여 죄를 짓는다. 죄와 벌, 구속과 탈주, 죄와 벌, 구속과 탈주는 익시온의 수레바퀴이자 우리 인간들의 영원한 삶의 수레바퀴라고 할 수가 있다. 신성모독은 출세의 보증수표가 되고, 그 벌은 몰락의 보증수표가 된다. 죄를 짓는다는 것도 위험하고, 벌을 받는 것도 위험하다. 죄를 짓지 않는다는 것도 위험하고, 벌을 받지 않는다는 것도 위험하다. 하지만, 그러나 이 위험이 있기 때문에, 이 위험의 날개로 더욱더 높이높이 날아오르고, 이 위험의 입신경지로 그 모든 신출귀몰한 묘기를 다 연출해낸다. 인생은 예술이고, 이 예술의 원동력은 신성모독이라고 해도 과언이 아니다.

한 편의 시는 소우주이며, 이 소우주는 새로운 이상낙원이 된다. 새로운 이상낙원은 기존의 모든 가치관과 역사와 전통을 부정(해체)하고, 이 부정의 토대 위에서 그 모습을 드러내게 된다. 시인은 죄를 짓고 죄악을 정당화하는 영원한 신성모독자이며, 이 세상의 찬양자라고 하지 않을 수가 없다. 시인의 상상 자체가 새롭고 신선하다는 것도 기존의 상상계의 질서를 부정했다는 것이 되고, 시인이 시인의 언어를 선택하고 새로운 언어를 창출해냈다는 것도 기존의 언어와 문법 체계를 부정했다는 것이 된다. 모든 사건과 사물들에게 새로운 이름을 부여할 줄 아는 자, 자기 자신의 성격과 사유와 취향으로 새로운 이상낙원을 창출해내는 자—, 그는 영원한 신성모독자이자 새로운 가치의 창조자라고 하지 않을 수가 없다.

고정국 시인은 1947년 서귀포 위미리에서 태어났고, 1988년 《조선일보》 신춘문예로 등단했다. 시집으로는 『민들레 행복론』 외 6권이 있으며, 위미사투리 서사시조집 『지만울단 장쿨래기』 그리고 산문집 『고개숙인 날들의 기록』과 체험적 창작론인 『助詞에게 길을 묻다』 등이 있다. '중앙시조대상', '유심작품상', '이호우문학상', '현대불교문학상', '한국동서문학작품상' 등을 수상한 바가 있으며, 민족문학작가회의 제주도 지회장을 거쳐서, 현재 한국작가회의 회원으로 활동하고 있다. 고정국 시인의 여덟 번째 시집인 『탈옥을 꿈꾸며』는 시조시인으로서 "삼장 육구"의 소우주를 창출해내기 위하여, 그 "삼장 육구의 감옥에 갇힌 자"의 삶의 찬가라고 할 수가 있다.

'삼장 육구의 소우주'에는 단어 하나, 토씨 하나에도 시인의 영혼이 살아 있고, 그리하여 만인들의 심금을 사로잡는 시구들로 울창한 숲을 이루고 있지만, 그러나 이 소우주가 탄생하기까지는 수많은 싸움들과 싸움들로 최고급의 인식의 전쟁이 있지 않으면 안 되었던 것이다. 토씨와 토씨의 싸움, 단어와 단어의 싸움, 이미지와 이미지의 싸움, 사상과 사상의 싸움, 종교와 종교의 싸움, 내재율과 외재율의 싸움, 언어의 배열과 그 의미와의 싸움, 감정의 이입과 확산의 싸움, 집중과 탈집중의 싸움 등, 이 수많은 싸움들이 그 소우주 속에는 살아 있지 않으면 안 되고, 그 싸움들이 '투쟁 속의 조화'로서 살아 있지 않으면 안 된다. 고정국 시인은 "삼장 육구의 시조"는 "스스로 갇혀 사는 창살보다 더한 감옥"이라고 말하고, "시는 나의 감옥이며 해방구"라고 말한다. 소우주는 감옥이며 삶의 터전이고, 시도 감옥이며 삶의 터전이다. "삼장 육구 열두 음보"는 시인의 터전이라는 점에서는 소우주이지만, 그러나 다른 한편, 기껏해야 "삼장 육구 열두 음보"에 갇혀 산다는 점에서는 좁디 좁은 감옥에 지나지 않는다. 감옥(죄인)은 자유인을 꿈꾸고, 자유인은 구속된다. 이것이 시의 법칙이고, 만류인력의 법칙이기도 한 것이다.

소우주에는 푸른 하늘도 있고, 소우주에는 강낭콩도 자란다. 소우주에는 좋은 책도 있고, 소우주에는 스승도 있다. 소우주에는 개망초꽃도 있고, 소우주에는 메추리알도 있다. "네 장점이 무어냐고"고 묻는 나도 있고, "네 단점이 몇이냐고" 묻는 나도 있다. "좋은 책", "좋은 스승", "좋은 법", "좋은 길은 가두지 않습니다"라고 탈옥을 꿈꾸는 나도 있고, 그 탈옥 끝에, "열번 묶고도 남을 그 포승에 다시 묶여/ 오늘도 아픈 몸 이끌고 시를 찾아 나섭니다"라는 죄인도 있다. 이러한 죄와 벌, 구속과 탈주는 소우주를 살아 움직이게 하는 만류인력법칙이며, 이 법칙은 생명이 생명을 먹고 살 수밖에 없는 '먹이사슬 법칙'에도 그대로 적용할 수가 있다. "풋고추 메추리알 그 작은 걸 왜 먹나요?"라고 단죄시 하는 사람도 있고, 그 먹거리를 "금기시 하는 그도 감옥"이라는 사람도 있다. 하지만, 그러나 그는 "생명을 중시하며 생명을" 먹는 자유인인 동시에, 그의 몸속에 들꽃을 가꾼다는 들꽃의 시인이 되기도 한다. 요컨대 나는 풋고추 메추리알을 먹고 살아가지만, 그러나, 나 역시도, 내가 죽으면 들꽃의 밥이 되어 갈 것이다. 모든 것이 가고 모든 것이 되돌아 온다. 모든 것이 가고 모든 것이 되돌아오지만,

그러나 그 되돌아옴에는 천변만화의 다른 꽃들이 피이나게 될 것이다.

삼장 육구의 소우주에는 새들이 살고, 수많은 나무와 풀들이 산다. 삼장 육구의 소우주에는 수많은 동물들이 살고, 삼장 육구의 소우주에는 수많은 시인들이 산다. 죄가 살고, 벌이 살고, 탈주가 살고, 구속이 산다. 시가 살고, 멋진 신세계가 살고, 너와 내가 손에 손을 맞잡고 아름답고 풍요로운 삶을 살아간다. 소우주가 대우주가 되고, 대우주가 자유와 평등과 사랑으로 그 넓디 넓은 옷자락에 그 모든 것을 다 품어 기른다.

고정국 시인의 「탈옥을 꿈꾸며」는 신성모독의 꽃이자, 생명의 꽃이라고 할 수가 있다. 시를 쓴다는 것은 언어가 언어를 먹는 것이고, 산다는 것은 생명이 생명을 먹는 것이다. 죄와 벌, 탈주와 구속은 영원한 윤회의 수레바퀴가 되고, 신성모독은 영원한 생명의 꽃이 된다.

산다는 것은 죄를 짓는다는 것이며, 죄를 짓고 죄악을 정당화하지 않으면 우리 인간들의 삶이 없게 된다.

시는 신성모독(사상)의 꽃이자 낙천주의를 양식화시킨 것이다.

요즘 문어들은
백 개 넘는 발이 있어

빵가게 구멍가게
이쑤시개 수입까지

그래서 문어를 삶으면

다리부터

자른다

—『문어를 삶으면』 전문

에세이 시작노트

날마다 탈옥을 꿈꾼다

고정국 시인

날마다 탈옥을 꿈꾼다

고정국 시인

민들레 화법으로

글줄이 막힐 때면 컴퓨터를 절전모드로 바꾸고 훌쩍 자리에서 일어섭니다. 우리 동네 보도블록 사이로 뿌리 내려 꽃을 피운 내 친구 민들레를 만나야 하기 때문입니다. 봄이건 여름이건 가을이건 겨울이건 언제 어디서나 기다려주는 나의 시우詩友랍니다. 언젠가 녀석이 그랬지요. "아저씨, 언제 어디서나 아저씨 앞에 불쑥 다가온 사물이나 낱말 곁을 유심히 살펴봐요, 그 왼쪽에는 물음표가, 그 오른쪽에는 화살표가 있거든요." 그러면서 녀석은 한술 더 뜹니다. "그 물음표와 화살표를 볼 줄 모르면 아저씬 시인이라 말할 자격이 없어요." 거기에다 "그 맨 끝자리에 느낌표가 있는데, 느낌표는 시인 것이 아니라 독자 몫이랍니다." 귀띔을 한답니다.

여기 수록된 작품들은 2008년, 그러니까 이명박 정권이 들어선 직후부터 박근혜 정권 초기인 세월호 사건 직전까지 쓴 것들입니다. 그 5년 남짓한 기간 동안엔 우울의 그림자가 내 곁을 함께 했지요. 고개 숙여 걷는 습관도 그때부터 생겼다고 할 수 있습니다. 고개 숙여 걷는 자만이 만날 수 있는 친구… 녀석은 나에게 단 한 번도 우울한 표정을 짓지 않았습니다. 가방이 가벼워야 멀리 갈 수 있다는 삶의 지혜을 귀띔해준 것도, 절망의 암흑 속에서 빛의 방향을 가르쳐 준 것도, 하늘은 높은 곳이 아닌, 맨 바닥에 내려와 있다는 것도 민들레의 속삭임을 통해 알 수 있었습니다. 그 민들레가 귀띔해 준 물음표와 화살표를 더듬노라니, 어느새 민들레 화법이라는 진화된 시의 탈출구를 만날 수 있었습니다.

육체와 영혼의 마찰음

겨울과 봄 사이 나에겐 기침의 기간이 있습니다. 15년 전 담배를 끊은 후 기관지에 섬모纖毛가 새롭게 형성되면서 생긴 민감성의 증상 같습니다. 그렇다면 시가 무엇인가? 그 질문 앞에 민들레가 귀띔해 준 대로, 시는 노래의 한 형태라 했습니다. 그렇다면 노래란 무엇인가? 울음의 한 형태라 대답해봅니다. 점점 질문이 어려워지기 시작했습니다. 그렇다면 울음이란 무엇인가? 오랜 망설임 뒤에 "울음이란 육체와 영혼 사이에서 일어나는 음성적陰性的 마찰음"이라며 개콘 수준의 한마디로 얼버무리고 맙니다. 그래서 울 때나 웃을 때 그 표정이나 소리는 원시시대 그때와 조금도 다르지 않을 거라 생각하며, 눈물과 웃음은 만국 공통언어라는 주장에 고개를 끄덕인답니다.

말과 글로 쏟지 못한
또 다른 노래가 있어

눈물과 감사로도
나누지 못한 사랑이 있어

피 섞여 쏟아진 기침,
그게
나의 詩였어
―「그게」 전문

2013년 봄, 18대 대선 관련하여 심한 스트레스로 인해 얼굴 절반에 대상포진이 찾아왔습니다. 거기에다 기침까지 겹치면서 3개월간 사람을 괴롭히더니,「그게」라는 짧고 초라한 시조 한 편을 던져놓고 대상포진과 기침이 제 몸에서 빠져나갔습니다.

독짓는 늙은이처럼

이제, 눈감고 돌을 던져도 시가 되어 돌아오는 나이, 생의 계절은 어느새 춘추복 차림의 가을로 성큼 다가와 성찰이라는 거울 하나를 내밉니다. 비로소 죄 많았던 봄과 여름이 여지없이 드러나면서, 아담과 이브처럼 넓은 잎 하나를 따서 가을 숲에 숨고 싶은 계절이기도 합니다.

물불 마다 않고 여기까지 왔습니다
땅 만큼 하늘 만큼 우여곡절을 다스려 온
부처님 이목구비의 옹기 한 점 빕습니다

만삭의 항아리를 밤새도록 쓰다듬으며
뜨거운 열손가락 지문까지 물려받은
또 한 점 검붉은 살갗이 독신처럼 늙습니다

당신의 손바닥엔 바보들만 산다지요
목 짧은 토우土偶들의 분절 없는 아우성 속에
늦도록 옹기를 굽는 조선 노을이 서럽습니다
—「독짓는 늙은이처럼」 전문

2010년 가을, 울산세계옹기문화엑스포 추진위원회에서 옹기에 관한 시조 한 편을 청탁해 왔습니다. 순간 고교시절에 읽었던 황순원의 「독짓는 늙은이」가 떠오르고 그 작품 속에 나의 자화상이 오버랩되는 것이었습니다. 단순히 한 도공에 대한 삶의 애환을 그린 내용 같지만, 주인공 송 영감의 비탄과 분노 속에는 민족항일 말기의 암담한 시대상이 연상되기도 한 작품이어서 기억에 남았던 것 같았습니다.

그래서 문득, 나를 포함한 이 세상 모든 사람들은 신이 구워 놓은 토우土偶일 거라는 생각도 들었습니다. 지금도 노을녘 수평선 구름 섞인 일몰 앞에서 시의 옹기를 굽고 있는 제주의 한 도공을 만나기도 한답니다.

해방구의 노래

이제 비로소 진정한 시인이 되고 싶습니다. 비단을 생산하기 위해서는 먼저 누에가 돼야 하듯, 우유를 생산하기 위해서는 젖소가 돼야 하듯, 시를 쓰기 위해서는 시인이 돼야 한다는, 실로 초등학교 2학년 눈높이의 생각을 지금도 하곤 합니다. 그래서 시인이 되는 길을 어디서 찾을 것인가를 진지하게 고민하였습니다. 결국 '시조 1만 계단 내려 걷기' 과정 중에 관찰시조를 포함해 '천자문 따라 시조 짓기'를 패키지로 끼워 넣었습니다. 그러자 천자문은 단순히 글자 1천 개의 집합이 아니라, 2백5십 개의 사자성어로 이루어진 동양철학 지침서였음을 알게 되었습니다. 그리고 천자문 한 자 한 자가 나를 시의 세계로, 또는 전혀 다른 사유의 세계로 안내하는 징검돌 역할을 해주는 데 결코 부족함이 없었습니다. 공자님이 그러셨지요? "하나의 체험에는 반드시 하나의 지혜가 따른다."고

不幸, 不倫, 不純, 不快…
혼자 연일 바쁜 친구

不法한 일 많은 나라
不平不滿 많은 사람들

기나긴 不景氣 나라에
저만
好景氣란다

—「아니 不」 전문

천자문 글자 중 275번째 자리 잡은 '아니 不'자가 어쩌면 일상어 중에 가장 많이 사용되는 녀석일 거라는 생각이 듭

니다. 비정상인 사회가 저질러 놓은 슬픈 문화의 일면을 보는 것 같아 아프기도 하고요. 그리고 271번째 자리 잡은 '갈之'자야 말로 사람의 생각까지 갈지 자 행보를 걷게 하는 녀석이었습니다. 이 친구는 눈 쌓인 한밤중의 대로 한가운데로 데리고 가서 나의 해방구를 마련해주는 것이었습니다.

> 눈 쌓인 대로에선 독불장군 흉내를 냈어/ 하얀 밤 한길에다 상하좌우로 갈겨대던/ 취중의 그 오줌발로 '자유'라고 쓰던 때// 우리들 해방구엔 노상방뇨의 관습이 있어// 술 여자 음담패설 육두문자 총집합이/ 죽을 맛 그런 세상에 그게 있어 좋았지// 정치 경제 사회 문화 그 거창한 낱말들을/ 길바닥에 불러 모아 질질 끌고 다니다가/ 가끔씩 그 쪽을 향해 침을 뱉고 싶은 날// 그때 눈길에다 오줌으로 글을 썼다/ 짝사랑 하던 여자 그 여자의 이름을 쓰고/ 그 옆에 눈사람 세워 이름표도 달면서
>
> —「갈 之, —해방구의 노래」 전문

사람들은 '상식'이라는 낱말을 가운데 두고 '몰상식' '비상식'으로 구분 짓습니다. 시를 쓰면서 저의 창백한 손가락에는 '탈상식'이라는 새로운 개념이 싹트기 시작했습니다. 원론의 울타리에서 탈출하려는 마음가짐이야말로 제 '문학의 시발점'이라는 확신이 섰던 것입니다. 그리고 '왜 시조인가?' 사람들이 묻습니다. 정형의 틀을 넘는, 일테면 '풀려남의 모티브'가 그 정형 안에 갇혀 있다는 인식 때문입니다. '자유' '해방' '창조' 등 이들 낱말이야말로 갇혀있다는 인식에서 비롯된 것이라 믿습니다.

즉흥 시대

저의 시조 중에, 완성시키기까지 무려 3년이 소요된 작품이 있습니다. 바로 졸작「마라도 노을」입니다.

오늘 이 해역을 누가 혼자 떠나는 갑다
연일 흉어에 지친 마지막 투망을 남겨둔 채
섬보다 더 늙은 어부의 질긴 심줄이 풀렸는 갑다

이읏고 섬을 가뒀던 수평선 태반을 열어놓고
남단의 어족을 다스린 지느러미를 순순히 펴며
바다는 한 척 폐선을 하늘 길로 띄우나니,

우리가 잔술 내리고 노을 앞에 입을 다물 때
수장水葬을 치러낸 바다가 무릎께 와 흐느끼고
까맣게 타버린 섬이 다시 홧대를 일으킨다

그때만 해도, 한편 작품을 완성하려고 5백 회 심지어는 1천 회 이상 퇴고를 거쳤습니다. 그러다가 제 '문학적 갑오경장'을 거치면서 이른바 Power Filling의 단계를 구체적으로 체험하기에 이르렀습니다. 이 과정에서 좋은 시란 결코, 언어를 꿰어 맞추는 수작업의 산물이 아니라, 즉흥으로 울컥울컥 쏟아내는 울음소리의 일종일 거라는 믿음도 생겨났습니다.

스스로 갇혀 사는 창살보다 더한 감옥/ 더 먼 곳 더 깊은 곳 그 감옥에 갇히기 위해/ 오늘도 갇혀 삽니다, 시조 삼장 육구의// 강낭콩 콩깍지에 강낭콩이 숨어서 크듯/ 삼장 육구 열두 음보에 숨어있는 하늘의 마음// 그곳을 찾아 삽니다, 그 감옥을 지고서

… 중략 …

좋은 책 좋은 스승은 가둬두지 않습니다
좋은 법 좋은 길은 가둬두지 않습니다
차라리 제 몸을 풀어 길을 더욱 밝힙니다

시는 나의 감옥이며 해방구라 말합니다
시는 나의 반쪽이며 목적이라 말합니다
세상에 아름다운 감옥, 그 감옥이 좋습니다

… 후략 …

(2013년 5월 25일, 즉흥시조 3906계단 내려온 지점)

—「탈옥을 꿈꾸며」 부분

또 하나, 취미생활 비슷하게 시작한 것이 사진 찍기입니다. 렌즈 기능을 AUTO에 넣고 셔터를 누르고 보면 반드시 피사체가 찍혀 있습니다. 그때마다 카메라는 나에게 귀띔해줍니다. “지금 렌즈 앞에 온갖 피사체로 꽉 차 있듯이, 세상은 시로 꽉 차있다!”고. 그리고 “사진을 찍기 전에 닦고, 찍은 후에 다시 닦아야 하는 카메라 렌즈관리처럼 시인도 시력과 어휘력 그리고 상상력 키우기에 한시도 소홀함이

없어야 한다."라고 타이릅니다. 즉흥시 차원에 다다르기 위해서 고감도의 센서를 갖추라는 카메라의 코멘트는 서두에 민들레꽃이 전해준 내용에서 진일보한 것 같습니다. 뭐라, 세상은 시로 꽉 차있다고?

빠삐용을 그리며

그리운 마놀린, 오늘은 그대에게 새로운 사실 한가지 고백해야 할 것 같습니다. 저는 문학 작품 속 등장인물인 친구 몇을 두고 있습니다. 그들이 누구냐 하면, 샤무엘 베케트 희곡『고도를 기다리며』의 블라리미드와 에스트라공, 그리고 헤밍웨이『노인과 바다』의 산티아고 노인과 그가 그토록 아꼈던 소년이면서 바로 당신, 마놀린입니다. 이 인물들 내면에는 절실하면서도 막연한 기다림이 상존한다는 공통점이 있지요. 그래서 은근슬쩍 그들 사이로 내가 끼어들게 된 것입니다.

바다를 향해 앉으면
이름 없는 섬이네

수평선 저-켠
물소리에 귀 기울이다,

밤이면 작은 불 켜고
홀로 참는
섬이네.

등단하기 전 1985년에 썼던 「섬」이라는 실로 볼품없는 시조형식의 시입니다. 돌이켜보면, 당초부터 내 삶의 바탕엔 '감옥'이라는 현실인식이 깔려 있었나 봅니다. 하여, 날마다 갇히면서 날마다 탈옥하려는… 그 탈옥방법으로 문학의 길을 선택한다는 것이, 하필 삼장육구 열두 음보인 시조의 틀에 다시 갇히고 말았네요. 결국 내가 치러야 할 숙명이고 보면, 그 길 마지막에 발 디딘 징검돌이 이곳 섬이 아닌가 싶습니다.

비로소 전라남도 완도군 어느 섬마을 골방에 고단한 배낭을 풀었습니다. 그리고 바닷가로 내려가 흩터 있는 조약돌 하나를 주워 가슴에 품었습니다. 오늘부터 꿈을 꿀 겁니다, 악마도惡魔島 수십 미터 절벽에서 야자열매를 담은 부대와 함께 바다로 뛰어내렸던 빠삐용의 꿈을!

고정국

시귀포시 위미 출생. 1988년 《조선일보》 신춘문예 당선. 『서울은 가짜다』, 『백록을 기다리며』, 『민들레 행복론』, 고향사투리 서사시조집 『지만울단 장쿨래기』, 시조로 노래하는 스토리텔링 『난쟁이 휘파람소리』 등 9권의 시집과 2권의 산문집, 체험적 창작론 『조사助詞에게 길을 묻다』 가 있다. 중앙시조대상 신인상, 유심작품상, 이호우 문학상, 현대불교문학상, 한국동서문학상 등을 수상했으며, 민족문학작가회의 제주도지회장을 역임했다. 현재 한국작가회의 회원, 월간 《시조갤러리》 발행인이기도 하다.

이메일 : koukook@daum.net

고정국 시집

탈옥을 꿈꾸며

발　　행　2017년 7월 5일
지 은 이　고정국
펴 낸 이　반송림
편집디자인　김지호
펴 낸 곳　도서출판 지혜
　　　　　계간시전문지 애지
기획위원　반경환 이형권 황정산
주　　소　34624 대전광역시 동구 선화로 203-1, 2층 도서출판 지혜 (삼성동)
전　　화　042-625-1140
팩　　스　042-627-1140
전자우편　ejisarang@hanmail.net
애지카페　cafe.daum.net/ejiliterature

ISBN : 979-11-5728-237-1 03810
값 9,000원